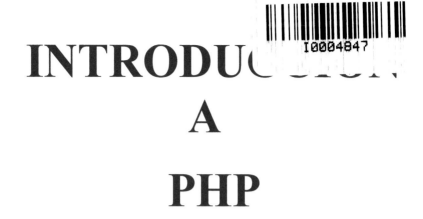

INTRODUCCIÓN A PHP

Escrito por: Miguel A. Arias

ISBN: 978-1492279372

Índice

Introducción a PHP

Qué es el PHP

PHP es un acrónimo recursivo para "PHP: Hypertext Preprocessor", originalmente Personal Home Page, es un lenguaje interpretado libre, usado originalmente solamente para el desarrollo de aplicaciones presentes y que actuaran en el lado del servidor, capaces de generar contenido dinámico en la World Wide Web. Figura entre los primeros lenguajes posibles para la inserción en documentos HTML, dispensando en muchos casos el uso de archivos externos para eventuales procesamientos de datos. El código es interpretado en el lado del servidor por el módulo PHP, que también genera la página web para ser visualizada en el lado del cliente. El lenguaje evolucionó, pasó a ofrecer funcionalidades en la línea de comandos, y además, ganó características adicionales, que posibilitaron usos adicionales del PHP. Es posible instalar el PHP en la mayoría de los sistemas operativos, totalmente de manera gratuíta. Siendo competidor directo de la tecnología ASP perteneciente a Microsoft, PHP es utilizado en aplicaciones como MediaWiki, Facebook, Drupal, Joomla, WordPress, Magento y Oscommerce.

PHP es software libre, licenciado bajo la PHP License, una licencia incompatible con la GNU General Public License (GPL) debido a las restricciones en los términos de uso de PHP.

El lenguaje surgió a mediados de 1994, como un paquete de programas CGI creados por Rasmus Lerdorf, con el nombre Personal Home Page Tools, para sustituir un conjunto de scripts Perl que este usaba en el desarrollo de su página personal. En 1997 fue lanzado el nuevo paquete del lenguaje con el nombre de PHP/FI, trayendo la herramienta Forms Interpreter, un interpretador de comandos SQL. Más tarde, Zeev Suraski desarrolló el analizador de PHP 3 que contaba con el primer recurso orientado a objetos, que daba poder de alcanzar algunos paquetes, tenía herencia y daba a los desarrolladores solamente la posibilidad de implementar propiedades y métodos. Poco después,

Zeev y Andi Gutmans, escribieron el PHP 4, abandonando por completo el PHP 3, creando un mayor número de recursos orientados a objetos. El problema serio que presentó el PHP 4 fue la creación de copias de objetos, ya que el lenguaje aún no trabajaba con apuntadores o handlers, como son los lenguajes Java o Ruby. El problema fue resuelto en la versión actual de PHP, la versión 5, que ya trabaja con handlers. Si copia un objeto, en realidad copiaremos un apuntador, ya que, si haya algún cambio en la versión original del objeto, todas las otras también sufren la modificación, lo que no sucedía en la versión de PHP 4.

Se trata de un lenguaje extremadamente modularizado, lo que lo hace ideal para la instalación y el uso en servidores web. Diversos módulos son creados con el repositorio de extensiones PECL (PHP Extension Community Library) y algunos de estos módulos son introducidos como patrón en nuevas versiones del lenguaje. Es muy parecido, en tipos de datos, sintaxis y demás funciones, con el lenguaje C y con C++. Puede estar, dependiendo de la configuración del servidor, incrustado en código HTML. Existen varias versiones del PHP disponibles para los siguientes sistemas operativos: Windows, Linux, FreeBSD, Mac, Novell Netware, RISC Los, AIX, IRIX y Solaris.

Construir una página dinámica basada en bases de datos es simple con PHP, este da soporte a un gran número de bases de datos: Oracle, Sybase, PostgreSQL, InterBase, MySQL, SQLite, MSSQL, Firebird, etc., pudiendo abstraer el banco con la biblioteca ADOdb, entre otras. La Wikipedia funciona sobre un software escrito completamente en PHP y usando bases de datos MySQL, por ejemplo.

PHP da soporte a los protocolos: IMAP, SNMP, NNTP, POP3, HTTP, LDAP, XML-RPC, SOAP. Es posible abrir sockets e interactuar con otros protocolos. Las bibliotecas de terceros amplían aún más estas funcionalidades. Existen iniciativas para utilizar PHP como lenguaje de programación de sistemas, como por ejemplo, PHP-GTK. Se trata de un conjunto de PHP con la biblioteca GTK, que aporta de C++, haciendo así software interoperacional entre Windows y Linux. En la práctica, esa extensión ha sido muy poco utilizada en proyectos reales.

PHP es un software gratuito y de código abierto publicado bajo la PHP License, que afirma:

Productos derivados de este software no deben ser llamados PHP, ni puede contener "PHP" en su nombre, sin previo permiso por escrito de la group@php.net. Usted puede indicar que el software funciona en conjunto con PHP, diciendo "Foo para PHP", en vez de llamarlo "PHP Foo" o "phpfoo".

Esta restricción en el uso del nombre PHP lo hace incompatible con la GNU General Public License (GPL).7

El lenguaje PHP es un lenguaje de programación de dominio específico, es decir, su alcance se extiende a un campo de actuación que es el desarrollo web, aunque existan variantes como el PHP-GTK. Su propósito principal es de implementar soluciones web veloces, simples y eficientes. Sus principales características:

- Velocidady robustez.
- Estructurado y orientado a objetos.
- Portabilidad - independencia de plataforma - escriba una vez, ejecute en cualquier lugar.
- Tipeado dinámica.
- Sintaxis similar a C/C++ y Perl.
- Open-source.

El Server-side, el cliente manda el pedido y el servidor responde en una pagina HTML. El código **HTML** (tanto en la versión **HTML** cómo **XHTML**) da lugar a documentos uniformes, que el navegador interpreta siempre de una única manera.

Hay dos maneras de hacer variable el contenido de un documento **HTML**; esto se consigue mediante

- el lenguaje de programación **Javascript**, que actúa al ordenador cliente.
- lenguajes de programación que actúan en el servidor. El **PHP** es Uno

Un documento **PHP** es interpretado dos veces. En el servidor la codificación **PHP** se transforma en código **HTML**, en texto (y en **CSS** y en referencias a elementos insertos, si hace falta). El documento así interpretado es enviado al cliente, y este lo interpreta como si fuera un documento **HTML** ordinario.

Los documentos **PHP** tienen la terminación '**.php**'.

Constituyentes de un documento *PHP*

Un documento **PHP** consta de dos tipos de constituyentes:

- Código **HTML** o XHTML encomenderos, con texto intercalado y con las especificaciones de estilo que haga falta (con las parejas propiedad / atributo del **HTML** o de las hojas de estilo **CSS**.
- Instrucciones de PHP , que hacen varios tipos de cometidos:
    - Recepción de datos exteriores (por ejemplo de un formulario).
    - Manipulación de datos (cálculos, modificaciones de cadenas de texto, etc.)
    - Adopción de decisiones en función de algún dato.
    - Presentación de los valores de los datos resultantes, implicados dentro del código **HTML**.
    - Acciones sobre el sistema de ficheros del servidor, incluyendo la creación, modificación, lectura y eliminación de estos.

Delimitación de las instrucciones *PHP*

Las instrucciones de PHP van enmarcadas así:

- <?php // inicio de código php
- *instrucciones;* // Todas acabadas en ';'
- ?> // final de código php

A menudo las instrucciones van acompañadas de comentarios; estos se colocan detrás dos barras inclinadas.

Dos ejemplos elementales

Todos los ejemplos de estas notas se presentan del mismo modo: el código relevante dentro de recuadros azules, y los comentarios en rojo. Salvo que se diga lo contrario, hay que interpretar que el contenido es insertado a BODY. Si hay más de un documento en juego, se separan con una línea horizontal.

Haciendo clic a Ved *el resultado* pasamos a procesar los documentos correspondientes. Es muy importante analizar el contenido del código fuente del documento final (*Visualiza > Código fuente* o análogo), compararlo con la codificación PHP inicial, presentada en el cuadro azul, y comprobar como esta ha desaparecido totalmente.

- <p>Este texto se ha presentado con los recursos habituales del< strong>(X)HTML</strong>.</p>
- < p>
- < ?php
- echo "Este texto ha sido procesado previamente por el <strong>PHP</strong>; // Contenido interpretable por (X)HTML"
- ?>
- </p>

- *Documento inicial, sin código PHP, dotado de un formulario.*

- `<h3>`
-
- `<?php`
- `$nombre = $_POST['nombre']; // Recoge el valor`
- `$texto = "Hola, "; // Establece un texto fijo`
- `echo $nombre. $texto; // Contenido interpretable por (X)HTML`
- `?>`
-
- `</h3>`

A fin de que los ejemplos tengan ya desde el principio un mínimo de verosimilitud, desde el primer momento usaremos dos recursos empleados en este par de ejemplos iniciales:

Con

- echo *variable o valor*

Extraemos de PHP un valor y lo incluimos en el código **(X)HTML**. Y con

- `$_TABLE['nombre']`

Recogemos un valor enviado desde un formulario situado en un documento diferente.

Variables, Expresiones y Operadores

Variables

Cómo en todos los lenguajes de programación, en **PHP** hay **variables**, que son símbolos portadores de un valor. Se denominan variables porque este valor no es predeterminado, sino que hay que asignarlo expresamente y en el transcurso del proceso de interpretación del documento puede variar.

Las variables se denominan libremente; el nombre de estas tiene que empezar forzosamente por $ seguido de una letra o de un guión bajo. Hay varios tipos de variables:

Enteras	Un número entero
Dobles	Un número decimal (separador decimal, el punto)
De cadena	Texto
Booleanas	"true" y "false"
Nulas	NULL

Los valores iniciales se representan directamente si son números (separador decimal, el punto) y entre comillas si son textos.

El solo hecho de asignar un valor a una variable determina el carácter, y no hay que hacer ninguna más distinción: una variable que sólo contiene números es interpretada automáticamente como numérica.

Procedencia de las variables

Las variables con que se trabaja pueden tener procedencias muy diferentes:

- Datos definidos en el mismo documento **php**, directamente o mediante alguna operación.
- Datos suministrados por el usuario mediante un formulario situado en otro documento.
- Datos suministrados por el servidor (fecha, hora, etc.).
- Datos depositados en una *cookie* o en una variable de sesión.

Expresiones

Una expresión es un conjunto formato, como mínimo, por una variable y un operador, y tiene la función de hacer variar o de evaluar el valor de una variable:

- $n++
- $a + 12
- $d > 15
- etc.

También pueden formar parte de una expresión:

- Un valor, de texto o numérico expresado literalmente (en el primer caso hace falta encerrado entre comillas).
- Determinadas funciones que suministran valores (por ejemplo, las de fecha y hora).

Por ejemplo

- "Nombre: " . $nombre

Operador de asignación

Hay varios tipos de operadores: de asignación, aritméticos, de manipulación de textos, de comparación, lógicos...

En el caso más simple se usa el operador de asignación =:

- *variable = expresión*;

Que se interpreta así: *Haz que la variable situada a la izquierda pase a tener el valor dado por la expresión de la derecha.*

- $b = $a + 12;

Cómo es habitual en la mayoría de lenguajes de programación, los operadores de asignación también pueden servir para cambiar el valor de la misma. Con una sintaxis que ofende el más elemental sentido matemático, pero universalmente consolidada,

- $a = 3 * $a;

Significa *haz que la variable **$a pierda** su valor actual y adquiera un valor tres veces más grande.*

Operador de concatenación

La manipulación de textos más simple es la concatenación. Se indica con '.' (No con **&**):

- "Juan tiene " . $edad . " años";

- *Documento inicial, sin código PHP, dotado de un formulario.*

- \<p>
-

- < ?php
- $nombre = $_POST['nombre']; // Recoge el valor del nombre
- $cgn = $_POST['cgn']; // Recoge el valor del apellido
- $lln = $_POST['lln']; // Recoge el valor del lugar de nacimiento
- $año = $_POST['año']; // Recoge el valor del año de nacimiento
- echo $nombre . " " . $cgn . ", nacido/da a " . $lln . " el año " . $año; // Concatena los valores recibidos y valores fijos y hace el conjunto interpretable por (X)HTML
- ?>
-
- </p>

Operadores aritméticos

Los operadores aritméticos son los siguientes:

+	Suma	$b = $a + 6;
-	Resto	$b = 23 - $a;
*	Multiplicación	$b = 3 * $a;
/	División	$b = $a / 5;
%	Módulo o resto de la división entera	$b = $a % 4;
++	Incrementar una unidad	$a++;
--	Disminuir una unidad	$a--;

- *Documento inicial, sin código PHP, dotado de un formulario.*

- `<?php`
-
- `$n_1 = $_TABLE['n1'];` // Recoge el valor del primer número
  `$n_2 = $_TABLE['n2'];` // Recoge el valor del segundo número
- `$s = $n_1 + $n_2;` // Hace la suma
- `$p = $n_1 * $n_2;` // Hace el producto
- `echo "<p>La suma de " . $n_1 . " y " . $n_2 . " es " . $s . ".</p><p>El producto de " . $n_1 . " por " . $n_2 . " es " . $p . ".</p>";` // Concatena valores recibidos, valores calculados, texto y símbolos HTML y hace el contenido interpretable por (X)HTML
-
- `?>`

Otros operadores de asignación

Además del operador de igualdad, =, hay una serie de operadores que son a la vez de asignación y de operación aritmética: +=, -=, *=, /=, %=. Análogamente, el operador .= encadena un nuevo texto al texto preexistente en una variable.

El valor NULL

Las variables nulas tienen un solo valor posible, que es **NULL**. Una variable es nula si no le hemos asignado ningún valor o le hemos asignado expresamente el valor **NULL**.

Lectura de las variables para HTML

Introducción

Los intérpretes de los documentos **HTML** sólo pueden entender las etiquetas de **HTML**, las especificaciones **CSS**, los textos y las referencias a los elementos insertos. Pero no pueden interpretar variables, que previamente tienen que ser *traducidas*. En **Javascript**, por ejemplo, este cometido es llevada a cabo por **write()**; en **PHP** esta tarea es llevada a cabo principalmente por la instrucción **echo**.

Sintaxis de *echo*

La sintaxis básica de **echo** es la siguiente:

- echo *$variable*;

Dónde **$variable** es una variable previamente definida.

También puede formar parte de **echo** un valor fijo, cerrado entre comillas:

- echo "Buenos días !";

En el primer ejemplo ya hemos usado esta sintaxis.

echo y concatenación

El signo de concatenación puede encontrarse en el interior de un **echo**, es decir, que a la vez se hace la concatenación y la interpretación:

- echo $a . $b . $c;

- echo "Buenos días,!" . $nombre;

Más todavía: si un **echo** sólo contiene literales y variables, podemos encerrar el conjunto entre comillas y prescindir del signo de concatenación:

- echo "Importe total: $p €;"

- *Documento inicial, sin código PHP, dotado de un formulario.*

- <?php
- $p=$_POST['precio']; // Lectura de una variable de formulario
- $y=$_TABLE['iva']; // Lectura de otra variable de formulario
- $pino=$p*(1+$y/100); // Cálculos
- echo "El precio limpio es de $p €, y con el $y% de IVA, son $pino €."; // Concatena textos y valores y hace el conjunto interpretable por (X)HTML
- ?>

Código *HTML* dentro de echo.

Entre los literales que acepta **echo** también hay las etiquetas de **HTML** o las especificaciones de CSS , y también una combinación de todos juntos.

- echo "<p>Nombre: "; // Una etiqueta y un texto
- echo $nombre; // Una variable llamada **$nombre**
- echo "</p>"; // Una etiqueta

En el segundo ejemplo ya hemos usado esta sintaxis.

Si el contenido de un literal tiene comillas dobles, las que lo delimitan tienen que ser simples, y a la inversa:

- echo '<?xml version="1.0" encoding="iso-8859-15"?>'

Nota: *Cuando hay varias instrucciones con* **echo** *la una detrás la otra, el código* **(X)HTML** *que en resulta se presenta sin saltos de línea.*

Ejecuciones condicionadas

Introducción

Si **el PHP** se limitara a captar datos y a presentarlas de una única manera - que es el que hemos hecho hasta ahora - sería muy poco interesante. El interés de la herramienta rae en el hecho que los datos captados pueden condicionar el desarrollo posterior del programa y dar lugar a resultados totalmente divergentes: *si tal dato tiene tal valor, haz esto; en caso contrario, haz aquello otro.*

Además, aquello que se hace se puede repetir un número diferente a veces dependiente también de alguna característica de los datos: *de acuerdo con este dato, haz tal acción tantas veces, o hasta que se cumpla tal condición.*

El operador *if()*

El operador **if** evalúa una expresión de comparación; en el supuesto de que el resultado sea afirmativo se ejecuta una parte de programa; en caso contrario, otra:

- if (*condición*){
- *instrucciones_a ;.*
- }else{
- *instrucciones_b*;
- }

Si sólo hay una instrucción para cada posibilidad, podemos prescindir de los signos { }.

En el caso más simple, la condición evaluada es una igualdad, representada por dos variables o una variable y un valor literal, separados por el signo ==.

- *Documento inicial, sin código PHP, dotado de un formulario.*

- `<p>`
- `< ?php`
- `$a=$_TABLE['ncgn'];`
- `$b=$_POST['se ];`
- `if ($b=='H'){ // Comprobación del valor introducido`
- `$saluda="Bienvenido, "; // Asignación de valor si la variable es H`
- `}else{`
- `$saluda="Bienvenida, "; // Asignación de valor si la variable es D`
- `}`
- `echo $saluda . $a . "!"; // Presentación concatenada del resultado`
- `?>`
- `</p>`

----

*Podemos observar que, con objeto de evitar complicaciones, no se ha previsto la posibilidad de un error. ¿Qué pasará si no introducimos **H** ni D? En una situación real habría un mecanismo que indicaría el error y nos devolvería al formulario. O en el formulario la opción **H/D** se daría mediante un desplegable que no permitiera seleccionar nada más.*

Al apartado siguiente se indican los otros operadores de comparación.

Operadores de comparación

Los operadores de comparación son:

==	Igual que
===	Igual y del mismo tipo que
!=	No igual que
!==	No igual (o igual pero de diferente tipo) que
>	Más grande que
<	Más pequeño que
>=	Más grande o igual que
<=	Más pequeño o igual que

- *Documento inicial, sin código PHP, dotado de un formulario.*

- <?php
- $a=$_TABLE['edad'];
- if ($a ="18")>{ // Comparación del valor introducido con 18
- echo "Eres mayor de edad."; // Resultado afirmativo
- }else{
- echo "Todavía no eres mayor de edad."; // Resultado negativo
- }
- ?>

Opciones múltiples: *elseif*

A diferencia otros lenguajes de programación, no es necesario incluir un **if** dentro de otro; el operador **elseif** permite las opciones múltiples con una estructura muy sencilla:

- if (*condición_1*){
- *instrucciones_1*;
- }elseif(*condición_2*){
- *instrucciones_2*;
- }else{
- *instrucciones_3*;
- }

Notamos que el último es **else**, no **elseif**.

Operadores lógicos

A menudo la ejecución de un programa es sujeta no a una condición sino a dos o más. En este caso las condiciones se conjunten mediante operadores lógicos, que son los siguientes:

&& Y también
|| Ni tampoco

- *Documento inicial, sin código PHP, dotado de un formulario.*

- <?php
- $a=$_TABLE['num'];
- if (($a ="21")> && ($a ="39"))<{ // Discriminación de aciertos y errores

- echo "<h1 style='texto-align: center; fuente-size: 40px; color: olive'>Felicitados, has acertado!</h1>"; // Mensaje en caso de acierto (con especificaciones de estilo)
- }else{
- echo "<h1 style='texto-align: center; fuente-size: 40px; color: red'>Lástima, no has acertado!</h1>"; // Mensaje en caso de error (con especificaciones de estilo)
- }
- ?>

Vectores

A menudo se usan datos que se pueden agrupar por afinidad temática, por ejemplo los doce meses del año, los elementos alcalinos o los países de la Unión Europea. En estos casos en vez de depositar cada valor en una variable diferente, se depositan en una sola variable conjunta, denominada **vector**, compuesta de varios **términos**, portadores cada uno de una **clave** y de un **valor**.

Hay dos tipos de clave: las numéricas y las significativas. Una clave numérica es simplemente un índice sin ningún significado especial. Un vector con la clave numérica es un **vector simple**. Una clave significativa es un elemento, numérico o no, proveído de un significado específico. Los vectores de este segundo grupo se denominan **vectores asociativos**.

Suponemos el conjunto formado por las 41 comarcas de Galicia. Podemos establecer un vector que simplemente contenga los nombres - vector de index numérico - o uno que asocie el nombre de la comarca con el nombre de la capital correspondiente - vector asociativo.

Los vectores son también denominados matrices y arrays (término inglés).

Vectores simples

En el caso de los vectores simples o de clave numérica, las claves son índices numéricos, es decir, números enteros correlativos; el primero es siempre el **0**.

Los vectores se pueden crear así:

- $nombre_de el_vector = array("*valor_1*", "*valor_2*", "*valor_3*",...);

También se pueden dar valores a un término de un vector sin declarar previamente el vector, indicando el número de index:

- $*nombre*[*n*] = *valor_n*

El solo hecho de emplear este formato crea automáticamente el vector.

En este caso todos los valores no especificados serán nulos (pero existirán, incluido el 0, que, cómo hemos dicho, siempre es el primero.

Recuperación de los valores de los términos de un vector

Los términos de un vector pueden ser recuperados con el uso explícito del índice:

- $*nombre* = $*vector*[*índice*];

Por ejemplo, si creamos un vector con los nombres de los países de la Unión Europea,

- $pais_ue[3]

nos devolverá el nombre del país que tenga el índice **3**.

El valor obtenido puede ser pasado a otra variable:

- $f = $pais_ue[3]

También puede entrar a formar parte de una expresión:

- $a = $b[5] + 2

Perl que hace al índice numérico, puede ser indicado indirectamente, mediante el uso de una variable de procedencia diversa:

- $nombre_de el_vector[$n];

en que **$n** procede, por ejemplo, de un cálculo.

- *Documento inicial, sin código PHP, dotado de un formulario.*

- <?php
- $nombre_de_mes = array("de enero", "de febrero", "de marzo", "de abril", "de mayo", "de junio", "de julio", "de agosto", "de septiembre", "de octubre", "de noviembre", "de diciembre"); // Declaración del vector
- $d=$_POST['día'];
- $m=$_POST['mes'];
- $a=$_TABLE['año'];
- $num_mas=$m-1; // El primer término del vector es 0 !
- $nm=$nombre_de_mes[$num_mes]; // Obtención del valor del término correspondiente
- echo $d . " " . $nm . " de " . $a . ".";

- ?>

Vectores asociativos

Cómo hemos dicho, en un vector asociativo tanto la clave como el valor tienen significado propio:

- $comarcas["Vigo"] = "Redondela"

Los términos del vector pueden ser indicados con los mismos dos procedimientos que en el caso de los vectores simples. La asignación sin declaración previa se hace como se indica en la expresión inmediatamente anterior.

Si se prefiere declarar el vector con **array()**, el índice y el valor se tienen que separar con el símbolo **=>**. En el ejemplo siguiente asociamos los símbolos de los metales alcalinos con los nombres correspondientes:

- $met_alc = array ("Le" => "Litio", "Na" => "Sodio", "K" => "Potasio", "Rb" => "Rubidio", "Cs" => "Cesio", "Fr" => "Francio")

- *Documento inicial, sin código PHP, dotado de un formulario.*

- <?php
- $ma = array(
- "Li" => "3",
- "Na" => "11",
- "K" => "19",
- "Rb" => "37",

- "Cs" => "55",
- "Fr" => "87"
-); // Fin de la declaración del vector
- $a = $_TABLE['met']; // Recoge el dato del formulario
- $b = $ma[$a]; // Busca el elemento correspondiente en el vector asociativo
- if ($b == NULL){ // Analiza la corrección del dato suministrado
- echo "<p style='texto-align: center; color: red'>Error: El símbolo no corresponde a un metal alcalino.</p>"; // Código (X)HTML generado en caso de error
- }else{
- echo "<p style='texto-align: center; color: olive'>El número atómico del " . $a . " es " . $ma[$a] . ".</p>"; // Código X(HTML) generado en caso de dato correcto
- }
- ?>

$_TABLE, que cómo hemos visto reiteradamente recoge datos procedentes de un formulario, es un caso particular de vector asociativo.

Datos procedentes de otros documentos

Introducción

Los datos que usa un documento **PHP** pueden proceder de otro. La transmisión entre el documento de origen y el de destino puede ser inmediata o diferida. La transmisión inmediata se puede hacer mediante dos procedimientos, denominados **GET** y TABLE. El método **puesto** exige el uso de un formulario; el método **get** puede usar un formulario o un hipervínculo que traiga los parámetros anexados explícitamente al URI. El hipervínculo puede quedar especificado con sólo **HTML** o con la ayuda del **Javascript**.

La transmisión diferida se puede hacer con *cookies* o con **variables de sesión**, que analizaremos más adelante

Remisión de datos desde un formulario con *POST*

Este procedimiento exige la especificación

- <form action="*documento de destino*" method="table">

Los datos enviados son recogidas en el documento de destino por

- $_TABLE["nombre_de el_campo"]

donde **nombre_de el_campo** es el nombre del campo del formulario, asignado con **name** en aquel.

Este es el único procedimiento de transmisión de datos que hemos usado en los ejemplos anteriores.

Remisión de datos desde un formulario con *GET*

Este procedimiento es muy parecido al anterior, con la diferencia que en el documento de origen se usa

- <form action="*documento de destino*" method="get">

y los datos enviados son identificadas intermediando

- $_GET["nombre_de el_campo"]

Una fórmula equivalente a la del formulario consiste a explicitar los parámetros en un hipervínculo contenido en el documento inicial:

- <a href="*dirección?variable=valor*">*Texto*</a>

- *Documento inicial, sin código PHP, dotado de un conjunto de enlaces a seleccionar.*

- <?php
- $c=$_GET['color']; // Recoge el dato GET
- if ($c == "rojo") { // Empieza la discriminación de posibilidades
- echo "<p style='color: red; fuente-size: 24px'>Has elegido el color " . $c . ".</p>";
- }elseif ($c == "verde") {

```
echo "<p style='color: rgb(0,128,0); fuente-size:
24px'>Has elegido el color " . $c . ".</p>";
}elseif ($c == "azul" ) {
echo "<p style='color: blue; fuente-size: 24px'>Has
elegido el color " . $c . ".</p>";
}else{
echo "<p style='color: black; fuente-size: 24px'>Has
elegido el color " . $c . ".</p>";
} // Acaba la discriminación de posibilidades
?>
```

Otra forma de remisión de datos consiste a emplear el **location.href** del **Javascript**, con sendas instrucciones del estilo de la siguiente:

- location.href="*dirige?clave=valor*"

$_REQUEST

Tanto **$_POST** como **$_GET** pueden ser sustituidos por **$_REQUEST**.

Hay que notar que **$_TABLE**, **$_GET** y $_REQUEST son casos particulares de vectores asociativos, a que ya nos hemos referido.

Tipo de campos de un formulario

El nombre de la clave y los valores que se pueden asociar dependen del tipo de campo:

Tipo de campo	Clave	Valores posibles
texto		
password	valor asignado libremente con **name**.	valor introducido a la casilla.
hidden		
textarea		
radio		
select > option	valor asignado libremente con **name**.	valor asociado a value .
checkbox		

Campos de contraseña

Los datos introducidos mediante **input type="password"** no se muestran en la pantalla en el momento de ser introducidas, pero después son enviadas con su verdadero valor, y procesadas en destino igual que las enviadas con **input type="texto"**.

- *Documento inicial, sin código PHP, dotado de un formulario.*

- ...
- <?php
- $a=$_TABLE['pw']; // Recepción de la contraseña
- if ($a == "pájaro") { // Comprobación
- echo "<meta http-equiv='refresh' contento='0;url=06e.php' />"; // Caso afirmativo
- }else{
- echo "<meta http-equiv='refresh' contento='0;url=06f.php' />"; // Caso negativo
- }
- ?>
- ...

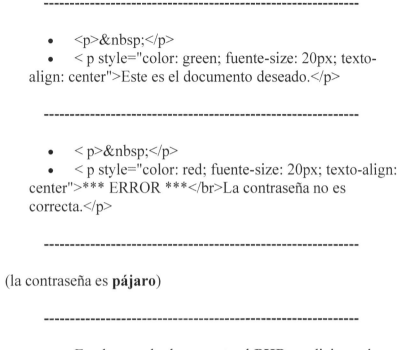

- `<p> </p>`
- `< p style="color: green; fuente-size: 20px; texto-align: center">Este es el documento deseado.</p>`

- `< p> </p>`
- `< p style="color: red; fuente-size: 20px; texto-align: center">*** ERROR ***</br>La contraseña no es correcta.</p>`

(la contraseña es **pájaro**)

- En el segundo documento el **PHP** condiciona el contenido de HEAD, no el de BODY cómo en los casos vistos hasta ahora.
- En una situación real el cuarto documento, además de dar el mensaje de error, probablemente volvería a remitir al primero.

Botones de selección y desplegables

En estos casos el valor transmitido es el valor del atributo **value** correspondiente.

- *Documento inicial, sin código PHP, dotado de un formulario.*

```
<p> </p>

< ?php
echo "<p>Nombre: " . $_TABLE[' ] . "<br />"; // Presentación del nombre

echo "Sexo: ";
if ($_TABLE['sx'] == "h") { echo "Hombre"; } // Presentación del sexo
else {echo "Mujer"; }

echo "<br />";

echo "Edad: ";
if ($_TABLE['e'] == "e1") { echo "Hasta 14 años"; } // Presentación de la edad
elseif ($_TABLE['e'] == "e2") { echo "Entre 15 y 17 años"; }
elseif ($_TABLE['e'] == "e3") { echo "Entre 18 y 35 años"; }
else { echo "36 años o más"; }

echo "</p>";
?>
```

El caso de las casillas de confirmación

Si una casilla de confirmación no es activada, no se forma el término **$_POST[*nombre*]**, de forma que si lo invocáramos en el documento de destino recibiríamos un mensaje de error. Por este motivo en estos casos se usa un procedimiento algo más indirecto, mediante las funciones isset() o foreach() .

Si un **checkbox** no tiene el atributo **value** y es activado, recibe automáticamente el valor **dónde**.

Funciones aplicadas a los vectores

La función *foreach()*

Podemos hacer la lectura exhaustiva de todos los términos de un vector sin necesidad de mencionar explícitamente cada uno de los términos. Esto se hace con la función **foreach()**:

- foreach($*nombre_de el_vector* as $*valor*){
- *instrucciones con* **$valor**
- }

En el caso de los vectores asociativos, tenemos

- foreach($*nombre_de el_vector* as $*clave* => $*valor*){
- *instrucciones con* **$clave** *y $valor.*
- }

Las variables *$clave* y $valor son denominadas libremente, y recogen el contenido de la clave y del valor de cada uno de los términos del vector.

- *Documento inicial, sin código PHP, dotado de un formulario.*

- <?php
- echo "<p style='texto-decoration: underline'>Tus aficiones</p>";
- echo "<p>";
- foreach($_POST as $clave => $valor){ // Lectura exhaustiva de los datos

- if ($clave == "n") { $texto_clave = "Nombre"; } // Inicio de la transformación de las claves en textos completos
- if ($clave == "mu") { $texto_clave = "Música"; }
- if ($clave == "ci") { $texto_clave = "Cine"; }
- if ($clave == "se") { $texto_clave = "Deporte"; } // Final ídem
- echo $texto_clave . ": " . $valor . "<br />"; // Forma interpretable por (X)HTML
- }
- echo "</p>";
- ?>

Las funciones *count()* e *isset()*

La función **count()** - y su equivalente **sizeof()** - nos devuelven el número de termas de un vector:

- $n = count(*nombre_de el_vector*);

La función **isset()** comprueba si una variable existe o no, y devuelve los valores **true** o false :

- if (isset(*variable*)){ ... }

donde la variable tanto puede ser individual como el miembro de un vector.

- *Documento inicial, sin código PHP, dotado de dos formularios; el usuario puede elegir entre uno y otro.*

```
•   <p> </p>
•
•   < ?php
•   $n = count($_TABLE); // Cuenta los términos de
$_TABLE
•     if ($n == "3"){ // Si procede del segundo formulario,
hay 3
•     echo "<p><strong>Hemos recibido tus datos con el
correo electrónico.</strong></p>";
•     }else{ // Si procede del primer formulario, hay 4
•     echo "<p><strong>Hemos recibido tus datos con la
dirección postal.</strong></p>";
•     }
•     ?>
```

Hay que notar que estas funciones dan cuenta del número de termas de un vector, pero no nos dicen nada sobre si estos tienen valor o son **NULL**. Podemos asegurarnos así:

```
•   if ($a == NULL) {
•   ...
•   }else{
•   ...
•   }
```

La función *list()*

Dado un vector **$vector**, podemos transferir los términos uno a uno a variables independientes mediante una serie de instrucciones de asignación

```
•   $a = $vector[0];
•   $b = $vector[1];
•   $c = $vector[2];
```

- ...

Pero la misma tarea se puede hacer mucho más simplemente con la función **list()**:

- list($a,$b,$c...) = $vector;

Esta operación sólo es posible con vectores de índice numérico, no con vectores asociativos.

- <p> </p>
-
- < ?php
- $datos = array("cerezas", "dulces", "rojas"); // Datos en un vector
- list($fruta,$gusto,$color) = $datos; // Pasan a variables independientes
- echo "<p><strong>Las $fruta son $gusto y $color.</strong></p>";
- ?>

Las funciones *sorte()*

La ordenación de un vector se lleva a cabo con la función **sort()**. Esta función asigna nuevas claves a los elementos; las anteriores desaparecen.

Esta función tiene varias variantes; entre estas:

- **rsort()**: ordena en sentido inverso.
- **natsort()**: tiene en cuenta el valor numérico de las secuencias de números (ej.: **img7** va ante **img11**.
- **natcasesort()**: como el anterior, y además no distingue entre mayúsculas y minúsculas.

- *Documento inicial, sin código PHP, dotado de un formulario.*

- `<p> </p>`
- `< ?php`
- `$nombres = array($_TABLE['n1'], $_TABLE['n2'], $_TABLE['n3'], $_TABLE['n4'], $_TABLE['n5']); //` Recoge los valores
- `suerte($nombres); //` Los ordena
- `echo "<p>Tus mejores amigos son:</p>";`
- `echo "<p style='margin-left: 100px'>";`
- `foreach ($nombres as $nombre){ //` hace la lectura exhaustiva
- `echo "<br />" . $nombre; //` Los presenta
- `}`
- `echo "</p>";`
- `?>`

Include

Las funciones *include()*

Un documento **PHP** puede incluir en su interior otro documento que contenga texto, código **HTML** o código **PHP**, o cualquier combinación de estos. El documento incluido es, en general, otro documento **PHP**, pero también puede ser un documento **.txt**.

Esto se consigue con la función **include()** (y similares):

- include("*nombre*")

Si el documento incluido contiene código **PHP**, este tiene que ser contenido entre **<?php** y ? **>**, independientemente del hecho que el **include()** en el documento principal también vaya entre **<?php** y **? >**.

La inclusión es muy útil cuando hay elementos que se han aplicar a varios lugares idénticamente o con pequeñas variantes. Hay dos supuestos básicos (y cualquier combinación imaginable):

- Dos o más documentos comparten algún elemento en común, contenido en otro.
- Un documento tiene una parte variable, contenida en dos o más otros documentos.

Dos o más documentos comparten un elemento común

Dos documentos o más, que quizás son muy diferentes, pueden tener algún elemento en común. Este elemento en común se puede poner en un documento destinado a ser incluido en los anteriores; esto es especialmente interesante si el contenido es variable a lo largo del tiempo, puesto que habrá bastante de cambiarlo en un solo lugar.

archivo head.php

- <!DOCTYPE html>
- <html lang="can">
-
- <head>
- <meta http-equiv="Contento-Type" contento="texto/html; charset=ISO-8859-15" />
- <meta name="description" contento="PHP + MySQL: Curso elemental" />
- <meta name="keywords" contento="Internet, web, HTML, PHP, MySQL" />
- <mcta name="author" contento="AVL Dissey Web" />

- `<title>Curso de PHP y MySQL</title>`
- `<link href="estilo.css" rel="stylesheet" type="texto/css" />`
- `</head>`

---

archivo 08b.php

- `<?php`
- `include ("head.php"); //` En lugar de la caracterización y el HEAD, este 'include'
- `?>`
-
- `<body>`
- `<div class="mg">`
- `<h1>Primer documento</h1>`
- `<p>Este es el contenido del primer documento.</p>`
- `< /div>`
- `</body>`
- `</html>`

Un documento con una parte variable

En una situación contraria del anterior, un único documento se puede presentar con contenidos diversos, suministrados por sendos documentos incluidos. La elige del contenido se hace desde otro documento mediante un formulario, una serie de hipervínculos con parámetros o alguna función del propio documento.

- *Documento inicial, sin código PHP, dotado de enlaces para seleccionar.*

---

archivo 08d.php (los archivos 08e.php y 08f.php son análogos)

- <p><img src="08d.jpg" alto="esmeralda" style="float: left" />Una esmeralda es una piedra preciosa y un mineral, de tipo parecido al beril, de color verde brillante, puesto que contiene una pequeña cantidad de cromo. Su fórmula química es:(Be₃<Al sub>2</sub>(SiO₃)₆). Está muy valorada porque es el único mineral de color verde que cristaliza.</p>
- < p>La esmeralda es la piedra del mes de mayo y los signos del zodíaco asociados. Nerón usaba una esmeralda como lente correctora para seguir los combates de gladiadores, puesto que sufría miopía. Se aplicaban esmeraldas para paliar dolores de huesos y como amuleto protector contra las serpientes, del mismo color de piel.</p>
- < p>Se han usado para predecir el futuro y para curar enfermedades como la lepra. La esmeralda se asocia a la memoria y a la primavera.</p>

----

archivo 08g.php

- <?php
- if ($_GET['p']=="dm"){ include("08f.php"); } // un include en función del valor enviado
- if ($_GET['p']=="ro"){ include("08e.php"); } // ID.
- if ($_GET['p']=="ma"){ include("08d.php"); } // id.
- ?>

Variantes de *include()*

Si la función **include()** invoca un documento inexistente, se muestra un mensaje de error, pero después continúa el procesamiento del resto del documento **PHP** que la contiene. Para evitar esto hay la función **require()** que, si no encuentra el documento invocado, además de mostrar el mensaje de error, para el procesamiento del documento que la contiene.

Las funciones *include_once()* y require_once() son variantes de las anteriores, destinadas a asegurar, como prevención de errores, que una misma inclusión sólo se haga una sola vez en un mismo documento.

Bucles y Repeticiones

La estructura *for()*

La estructura **for()** comporta la repetición de una instrucción o de un conjunto de instrucciones de acuerdo con unos parámetros fijos que hacen de contador. Su sintaxis es

- for(inicio;final;incremento){
- *instrucciones_que_hay que_repetir*
- }

En las instrucciones repetidas mediante un **for()** es habitual usar el propio contador para alguna finalidad otra que la de contar, pero esto no es paso obligatorio.

- *Documento inicial, sin código PHP, dotado de un formulario.*

- <?php

- $num=$_POST['num']; // Recogemos el valor del límite
- echo "<h3 style='texto-align: center'>Cuadrados de los primeros números enteros</h3>";
- echo "<p>";
- for($y=0;$y =$num;$y++)<{ // Límites e incremento de 'for'
- $quadr=$y*$y; // Elevamos al cuadrado
- echo "$y sup<>2</sup> = $quadr
"; // Presentamos los resultados
- }
- echo "</p>";
- ?>

La estructura *while()*

A diferencia de for() , la estructura **while()** evalúa constantemente una expresión en que hay de haber al menos una variable que se modifica con la propia ejecución:

- while(*condición*){
- *instrucciones*;
- *instrucciones que hacen variar al menos uno de los parámetros*;
- }

- *Documento inicial, sin código PHP, dotado de un formulario.*

- <?php
- $num=$_POST[']; // Recogemos el dato inicial

- $puede=$num; // La primera potencia de un número es el mismo número
- $e=1; // El primer exponente es 1
- echo "<h3 style='texto-align: center'>Las primeras potencias del número $num</h3>";
- echo "<br />";
- echo "<table style='width=60%; margin-left: 20%; border: solid thin #008000; border-collapse: collapse'>";
- while ($puede<100000000){ // Inicio del bucle
- echo "<tr>";
- echo "<td style='border: solid thin #0000ff; padding: 3px; texto-align: right'>$e</td>"; // Escribimos el valor actual del exponente
- echo "<td style='border: solid thin #0000ff; padding: 3px; texto-align: right'>$puede</td>"; // Escribimos el valor actual de la potencia
- echo "</tr>";
- $e++; // Incrementamos en 1 el exponente
- $puede = $puede * $num; // Calculamos la nueva potencia
- }
- echo "</table>";
- ?>

Lo estructura *don ... while*

En la estructura **while()** la condición se evalúa antes de la ejecución de las operaciones condicionadas, de forma que pueden no llegarse a ejecutar nunca si ya de entrada no se cumple la condición. *(Qué pasaría en el ejemplo anterior si indiquessim el número 102380567?).* lo estructura **don ... while()** la evaluación se hace después, y por lo tanto , las operaciones condicionadas se ejecutan al menos una vez.

La estructura es la siguiente:

- do{
- *instrucciones*;
- } while (*condición*);

- *Documento inicial, sin código PHP, dotado de un formulario.*

- <?php
- $num=$_POST['num']; // Importamos el número
- $d=1; // Valor inicial del divisor
- if (($num<1) || ($num>10000)){ // Comprobamos que cumple el requisito
- echo "Este número no cumple el requisito";
- }else{
- echo "<h3 style='texto-align: center'>Cocientes sucesivos de $num por los cuadrados de los números enteros</h3>";
- echo "<table style='width=60%; margin-left: 20%; border: solid thin #008000; border-collapse: collapse'>";
- don{ // Empieza la ejecución reiterada
- $dd=$d*$d;
- $q=$num/$dd;
- echo "<tr>"; // Empezamos la presentación de los resultados
- echo "<td style='border: solid thin #008000'>$num";
- echo "/";
- echo "$dd</td>";
- echo "<td style='border: solid thin #008000'>$q</td>";
- echo "</tr>";
- $d++; // Incrementamos el valor de $d.
- } while ($q>1); Mientras el cociente sea superior a 1 se repetirá el proceso

- echo "</table>";// Acabada la presentación, cerramos la tabla
- }
- ?>

Funciones matemáticas y Funciones de fecha y hora

Funciones

El **PHP** dispone de una serie de funciones predeterminadas (de las cuales ya hemos visto algunas), que realizan cometidos muy diversos:

- Abrir documentos externos, copiar el contenido y modificarlos.
- Leer la fecha y la hora a partir del servidor.
- Medir el número de termas de un vector.
- Hacer cálculos matemáticos.
- Modificar cadenas de texto
- etc.

Hay, además, las llamadas funciones de usuario, que son conjuntos de instrucciones agrupadas y que se pueden ejecutar en lugares diferentes.

En este capítulo analizamos algunas funciones de tipo matemático y de tiempo.

Constantes matemáticas

Algunas constantes matemáticas pueden ser representadas mediante símbolos especiales:

M_E	Valor de **e** (2,718...)	
M_PINO	Valor de π (3,1416...)	
pino()	(de las dos formas, indistintamente)	

Funciones matemáticas

Las principales funciones son las siguientes:

Potencias y logaritmos	pow(x,y)	x elevado a la potencia y
	exp(n)	e elevado a la potencia n
	log(n)	logaritmo natural de n
	log10(n)	logaritmo decimal de n
Medida de ángulos	rad2deg(n)	Valor en grados del ángulo de n radianes
	deg2rad(n)	Valor en radianes del ángulo de n grados
Trigonometría (ángulos en radianes)	sin(n)	seno de n
	corp(n)	coseno de n
	tan(n)	tangente de n
	asin(n)	arco el seno del cual es n
	acos(n)	arco el coseno del cual es n
	atan(n)	arco la tangente del cual es n
Manipulación de valores	abs(n)	Valor absoluto de n
	round(n)	Redondeo de n por proximidad
	ceil(n)	Redondeo de n por exceso
	floor(n)	Redondeo de n por defecto

- *Documento inicial, sin código PHP, dotado de un formulario.*

- `<?php`
- `$can = $_POST['cat_a'];`
- `$cb = $_POST['cat_b'];`
- `$sq = $can * $can + $cb * $cb;` // Cálculo de la suma de cuadrados de los catetos
- `$h = sqrt($sq);` // Cálculo de la hipotenusa
- `$t = $cb / $can;` // Cálculo de la tangente del ángulo
- `$a = atan($t);` // De la tangente al ángulo en radianes
- `$ag = rad2deg($a);` // Del ángulo en radianes al ángulo en grados
- `echo "<p>El cateto <strong>a /strong<> medeix $can, y el <strong>b</strong>, $cb.<br />La hipotenusa medeix $h.<br />El ángulo <strong>B</strong> medeix $a radianes, es decir, $ag grados.</p>";`
- `?>`

Validación de datos numéricos

En muchas ocasiones hay que asegurar el carácter numérico de un dato suministrado. Esto se consigue con la función **is_numeric()**:

- is_numeric(*variable*)

Esta función devuelve los valores **true** o false .

Funciones que devuelven fechas

El tiempo transcurrido entre las 00:00:00 GMT del 1 de enero de 1970 y otro momento cualquier se denomina **marca de tiempo Unix**.

La función **time()** suministra el valor *marca de tiempo Unix* del momento en que se aplica.

La función **mktime()** suministra la marca *de tiempo Unix* de cualquier momento, los datos del cual hay que dar suministrando los parámetros siguientes: *hora, minuto, segundo, mes, día, año*.

La función **date()** transforma datos de marca *de tiempo Unix* en varios formatos de indicación de fecha y hora. Se usan dos parámetros, el primero de formato y el segundo es el dato *marca de tiempo Unix*. Si se omite el último, se entiende el momento actual. Los principales parámetros de formato son los siguientes:

D	día de la semana con tres letras (inglés)	w	día de la semana en números (0 = domingo; 1 = lunes...)
d	día del mes	j	día del mes con una sola cifra si es posible
m	mes	n	mes con una sola cifra si es posible
Y	año		
H	hora (0-23)		
y	minuto		
s	segundo		
F	año bisiesto(1) año no bisiesto(0)		

Entre los argumentos se pueden añadir los caracteres '-', '/', ':' y '.', que serán reproducidos directamente. Todo el conjunto va entre comillas.

Los valores de los días de la semana empiezan por **0** y se pueden usar como índice de un vector que contenga los nombres de los días; los otros valores numéricos, no.

La función **date()** tiene el inconveniente que devuelve el valor del tiempo local del servidor; más interesante es la función **gmdate()**, que usa el Temps Universal **UTC**.

```php
<?php
echo "<p>";
$días_semana = array ("Domingo", "Lunes", "Martes", "Miércoles", "Jueves", "Viernes", "Sábado"); // Vector con los nombres de los días de la semana
$día_semana = gmdate(w); // Día de la semana
echo "$días_semana[$día_semana], ";
echo gmdate(j) . " "; // Día del mes
$mes = gmdate(m); // Mes
if ($mes == "01") {echo " de enero "; }
if ($mes == "02") {echo " de febrero "; }
if ($mes == "03") {echo " de marzo "; }
if ($mes == "04") {echo " de abril "; }
if ($mes == "05") {echo " de mayo "; }
if ($mes == "06") {echo " de junio "; }
if ($mes == "07") {echo " de julio "; }
if ($mes == "08") {echo " de agosto "; }
if ($mes == "09") {echo " de septiembre "; }
if ($mes == "10") {echo " de octubre "; }
if ($mes == "11") {echo " de noviembre "; }
if ($mes == "12") {echo " de diciembre "; }
echo "de " . gmdate(Y) . " / "; // Año
echo gmdate(H) . ":"; // Hora
echo gmdate(y) . " (UTC)."; // Minuto
echo "</p>";
?>
```

Recepción de datos de fecha

Cuando un conjunto de datos numéricos se convierten en una determinación temporal, hay que comprobar la coherencia, para evitar enunciados imposibles (*31 de junio, 29 de febrero de 2007...*). La función **checkdate(*mes,día,año*)** - *notáis la orden mas, día, año* - lo hace posible:

- if (checkdate($_TABLE['mes'],$_TABLE['día'],$_TABLE['año'])){
- *... instrucciones para el caso favorable ...*
- }else{
- *... mensaje de error y regreso ...*
- }

Números aleatorios

Se pueden generar números enteros aleatorios mediante la función **rand(a,b)**, en que **a y b** son el número inferior y el número superior del intervalo dentro del cual tiene que quedar comprendidos el números generados.

- <?php
-
- $n = rand(1,5); // Genera un número aleatorio
- echo " <img src='10d" . $n . ".jpg' alto='imagen aleatoria' /> "; // El número aleatorio determina la imagen que se presenta
-
- ?>

Funciones de cadena

Mayúsculas y minúsculas

Las funciones

- *$nueva_cadena* = strtoupper(*$cadena_inicial*);

y

- *$nueva_cadena* = strtolower(*$cadena_inicial*);

Convierten una cadena de texto en otra que sólo tiene mayúsculas o minúsculas, respectivamente.

La función *strlen()*

Esta función mide la longitud de una cadena:

- $l=strlen(*$cadena*);

La función *substr()*

La función substring obtiene una cadena que es el fragmento de otra. Se usan tres argumentos: la variable que contiene la cadena, el número correspondiente al último carácter **excluido** (si no se excluye hacia el principio, **0**) y un número indicativo de la longitud deseada para la nueva cadena. Así, a

- $nueva=substr($antigua,3,5);

Obtendremos una cadena **$nueva** formada por los caracteres cuarto a octavo de la cadena **$antigua**.

- *Documento inicial, sin código PHP, dotado de un formulario.*

```php
<?php
$a = substr($_TABLE[' ],0,1); // Primera letra del nombre
$a = strtoupper($a); // A mayúsculas (por el que pueda ser)
$cgn = $_POST['c'] . "xxx"; // Previsión de apellidos muy cortos, ej. 'Pino'
$b = substr($cgn,0,3); // Tres primeras letras del apellido
$b = strtoupper($b); // A mayúsculas
$min = gmdate(y); // ¿Qué minuto es ahora?
$c = substr($min,1,1); // Segunda cifra de los minutos
$d = strlen($_TABLE[' ]); // ¿Qué longitud tiene el nombre?
if ( $d > 9 ) { $d = 0; } // Si el nombre tiene más de 9 caracteres, asignamos '0'
$e = gmdate(s); // ¿Qué segundo es ahora?
echo "<p>Tu código de usuario será <strong style='color: blue'>$a$b$c$d$e</strong>.</p>";
?>
```

En una situación real habría muchas más tareas a hacer: pedir una contraseña, introducir nombre, apellidos, usuario y contraseña en una base de datos, evitar que haya usuarios repetidos, etc. Aquí sólo nos ocupamos de la determinación parcialmente aleatoria del usuario.

Fragmentar una cadena

La función **explode()** fragmenta una cadena de acuerdo con un carácter (o conjunto de caracteres) que hace de delimitador. Se crea un vector con el conjunto de los fragmentos.

- $fragmentos = explode('*delimitador*', *$cadena*, *número de fragmentos*)

Si no se introduce ningún valor para el número de fragmentos, crea todos los que puede.

A menudo se usa en combinación con **list()** o con **foreach()**:

- list($a,$b,$c,$d,$e,$f,$g,$h) = explode(' ¬ ',$datos);

Nota. *Una función análoga es* **split()**, *pero ha sido rechazada desde la versión* **5.3.0**.

Ajuste de cadenas de texto

Determinadas operaciones comportan la inclusión de elementos no deseados en una cadena de texto. Por ejemplo, la remisión de una cadena de texto de un documento a otro comporta que los apóstrofos se convierten en la cadena \'. Determinadas operaciones de fragmentación dejan un espacio en blanco delante o detrás el fragmento obtenido.

La función **stripcslashes()** suprime la barra invertida:

- *$texto_nuevo* = stripcslashes(*$texto_antiguo*);

Y la función **trim()** elimina los espacios en blanco iniciales o finales:

- *$texto_nuevo* = trim(*$texto_antiguo*);

- *Documento inicial, sin código PHP, dotado de un formulario.*

- `<?php`
- `echo "<p>";`
- `$datos = $_POST['nombres'];`
- `$fragmentos = explode (',', $datos); // Divide la cadena por las comas`
- `foreach($fragmentos as $lugar){ // Lectura exhaustiva del vector`
- `$lugar = stripcslashes($lugar); // Supresión del símbolo '\'`
- `$lugar = trim($lugar); // Supresión de espacios en blanco indebidos`
- `echo "$lugar<br />";`
- `}`
- `echo "</p>";`
- `?>`

Sustituciones de fragmentos de cadena

Con la función **str_replace()** podemos sustituir un fragmento de cadena por una otro:

- *$texto_nuevo = str_replace("fragmento_antiguo", "fragmento_nuevo", $cadena_antigua);*

- *Documento inicial, sin código PHP, dotado de un formulario.*

- <?php
- echo "<p>";
- $texto = $_POST['texto'];
- $texto = stripcslashes($texto);
- $texto = trim($texto);
- $texto = str_replace("l.l","l·l", $texto); // Corrección de la grafía **l.l**
- $texto = str_replace("l-l","l·l", $texto); // Corrección de la grafía **l-l**
- echo $texto;
- echo "</p>";
- ?>

La función *nl2br()*

- Si queremos insertar un salto de línea en una variable, tenemos que usar el símbolo **\n** para indicarlo.
- Si lo queremos insertar en un texto introducido mediante un formulario, tenemos que usar la tecla de regreso.

Con estos dos procedimientos forzamos un salto de línea en el código **(X)HTML**. Pero, como sabemos, esto **no** equivale a un salto de línea en la interpretación final, que exige un **
**.

La función **nl2br()** transforma los saltos de línea **previos** a la interpretación en símbolos **
, que es adecuadamente interpretado por **el (X)HTML:

- *texto_con_
_insertos* = nl2br(*texto_inicial*)

- *Documento inicial, sin código PHP, dotado de un formulario.*

- <?php
- echo "<p>";
- $texto = $_POST['texto'];
- $texto = stripcslashes($texto);
- $texto = trim($texto);
- $texto = nl2br($texto); // Inserción de saltos de línea interpretables
- echo $texto;
- echo "</p>";
- ?>

Datos del servidor, de sesión y las cookies.

Datos del servidor

Cuando un ordenador cliente se pone en contacto con un ordenador servidor para solicitar un documento, se genera en el servidor un vector asociativo, **$_SERVER**, que contiene una serie de datos sobre el servidor, el cliente y la conexión. El número exacto de termas de este vector depende del modelo del servidor, pero los más útiles son comunes a todos. Los principales termas son los siguientes:

$_SERVER['SERVER_ADDR']	Dirección IP del servidor.
$_SERVER['REMOTE_ADDR']	Dirección IP del ordenador cliente.
$_SERVER['DOCUMENTO_ROOT']	Directorio donde hay el documento solicitado.
$_SERVER['REQUEST_URI']	Valor **URI** suministrado para acceder al documento.
$_SERVER['REQUEST_TIME']	Momento de la solicituno

- <table class="q">
- <tr>
- <td class="q">Dirige IP del servidor</td>
- <td class="q"><?php echo $_SERVER['SERVER_ADDR']; ?> // Presentación de un dato
- </tr>
- <tr>
- <td class="q">Dirige IP del cliente</td>

- <td class="q"><?php echo $_SERVER['REMOTE_ADDR']; ?> // Id.
- </tr>
- <tr>
- <td class="q">Directorio donde hay el documento solicitado</td>
- <td class="q"><?php echo $_SERVER['DOCUMENTO_ROOT']; ?> // Id.
- </tr>
- <tr>
- <td class="q">URI solicitada</td>
- <td class="q"><?php echo $_SERVER['REQUEST_URI']; ?> // Id.
- </tr>
- <tr>
- <td class="q">Tiempo de la solicitud</td>
- <td class="q"><?php echo $_SERVER['REQUEST_TIME']; ?> // Id.
- </tr>
- </table>

Variables de sesión

Una variable de sesión es una variable dotada de un nombre y de un valor que existe exclusivamente entre el momento en que se crea y el momento en que finaliza la sesión. Las variables de sesión se depositan en un vector asociativo **$_SESSION**.

Para introducir y recuperar variables de sesión hay que hacer uso de la función **session_start()**.

- session_start();

Esta función tiene que ser inicial absoluta en el documento **PHP**.

La asignación de una variable de sesión se hace así:

- $_SESSION['*nombre*'] = *valor*

Las variables de sesión se recuperan intermediando

- $_SESSION['*nombre*']

- *Documento inicial, sin código PHP, dotado de un formulario.*

- <?php
- session_start(); // Activamos *$_SESSION*
- $_SESSION['nombre'] = $_TABLE[']; // Conversión del variable recibimiento en variable de sesión
- ?>
-
- (...)
-
- <?php
- echo "<p> </p>";
- echo "<p>Hola, " . $_SESSION['nombre'] . "</p>"; // Uso de la variable de sesión
- ?>
-
- <p><a href="12d.php">Otro documento</a /p.><>

- < ?php
- session_start(); // Activamos *$_SESSION*

- ?>
-
- (...)
-
- <?php
- echo "<p> </p>";
- echo "<p>Personalizado para " .
$_SESSION['nombre'] . "</p>"; // Otro uso de la variable
de sesión
- ?>
-
- <p>Este es otro documento.</p>

Cookies

Creamos una *cookie* con la función **setcookie()**:

- setcookie("*nombre*","*valor*","*caducidad*","/");

La aplicación de la función **setcookie()** se tiene que llevar a cabo **obligatoriamente** antes de cualquier otra instrucción, incluso **<html>**.

Las *cookies* creadas constituyen un vector asociativo, dentro del cual son identificadas por el nombre,

- $_COOKIE['*nombre*']

que permite la recuperación.

El parámetro **"/"** indica que la cookie será disponible en todo el dominio; si se especifica **"/foo"**, sólo será disponible en el propio directorio.

El valor de la caducidad suele indicarse como suma del momento actual, **time()**, y del plazo de validez, expresado en segundos. Así, para fijar la caducidad en un año, será

- time()+60*60*24*365

Si no se fija caducidad, o si se fija el valor **0**, la cookie caduca al final de la sesión.

Para suprimir una *cookie* hace falta sobrescribirla con una fecha de caducidad anterior al momento presente; generalmente se hace con la expresión

- time()-1000

o análoga.

- <p style="texto-align: right">
- <a href="12f.php?ll=cat">Català</a //> Elige y remisión GET
-
- <a href="12f.php?ll=esp">Español</a //> Idem
-
- <a href="12f.php?ll=eng">Inglés</a //> Idem
- </p>
- < p> </p>
- < p>
- < img style="float: right; margin: 20px; border: none" src="12e.jpg" alto="Azufre nativo" />
-
- <?php
-
- if (isset ($_COOKIE['idioma'])){ // Hay una cookie de nombre 'idioma'?
- if ($_COOKIE['idioma'] == "e") { include "12y.php"; } // Si tiene el valor 'e', texto en español
- if ($_COOKIE['idioma'] == "a") { include "12g.php"; } // Si tiene el valor 'a', texto en inglés
-

- }else{
- include "12h.php"; // Si no existe (situación por defecto), texto en Francés
- }
-
- ?>
-
- </p>

Este documento permite hacer la elige y después lo aplica. Podría haber, además, tantos documentos como quisiéramos que simplemente aplicaran la elige hecho inicialmente.

- <?php
-
- if ($_GET['ll'] == "esp") {
- setcookie("idioma","e",time()+60*60*24*30,"/"); // Da a la cookie el valor 'e'
- }
- if ($_GET['ll'] == "eng") {
- setcookie("idioma","a",time()+60*60*24*30,"/"); // Da a la cookie el valor 'a'
- }
- if ($_GET['ll'] == "cat") {
- setcookie("idioma","",time()-100000,"/"); // Suprime la cookie
- }
-
- ?>
-
- <!DOCTYPE html>
- <html>
- <head>
- ...
- <meta http-equiv="refresh" contento="0;url=12e.php" />
- ...

- </head>
- (...)

Notamos que este documento fija el valor de la cookie (o lo elimina) y devuelve inmediatamente al anterior mediante un **refresh***.*

Haced una elige de idioma. Salís del documento, cerráis el ordenador, encendedlo de nuevo y volvéis a entrar al documento. Observáis como se respeta la elige hecho: durante un año salvo que se haga una elige nueva.

En lugar **de $\_COOKIE** también se puede usar **$_REQUEST** que, como sabemos, también puede sustituir **$_GET** y $_TABLE .

Funciones de usuario y ámbitos de las variables

Funciones de usuario

Un conjunto de instrucciones puede dar lugar a una función:

- function *nombre*(){
- *instrucciones*
- }

Esto permite grandes economías de programa si el conjunto de instrucciones se tiene que usar reiteradamente.

- <?php
-
- function calendario(){ // Creamos una función
- echo "<p style='texto-align: right; color: blue'>Data: ";
- echo gmdate(j) . "." . gmdate(m) . "." . gmdate(Y); // Leemos tres parámetros de la fecha
- echo "</p>";
- }
-
- ?>
-
- <?php
-
- calendario(); // Aplicamos la función
-
- ?>

Funciones de usuario externas

Las funciones de usuario pueden establecerse en un documento **php** o txt externo; en este caso son incorporadas al documento donde se tienen que aplicar mediante un **include** o similar. Esto hace posible que una misma función pueda ser ejecutada desde varios documentos **php**, con un gran ahorro de código y con la ventaja añadida que si hay que introducir cambios en la función, basta de hacerlos una sola vez.

- <?php
-
- function calendario(){ // Creamos una función
- echo "<p style='texto-align: right; color: blue'>Data: ";
- echo gmdate(j) . "." . gmdate(m) . "." . gmdate(Y); // Leemos tres parámetros de la fecha
- echo "</p>";
- }
-
- ?>

- <?php
-
- include "13b.php"; // Incorporamos la función externa
- calendario(); // Aplicamos la función
-
- ?>

Nota: Funcionalmente, este ejemplo es idéntico al anterior; desde el punto de vista del código, se diferencia por el hecho que la función es externa, y así podría ser incorporada a un número ilimitado de documentos.

Tipo de variables

Cuando se trabaja con funciones de usuario, hay que tener presente el ámbito de validez de las variables. Por su ámbito de validez, hay tres tipos de variables:

- Las **locales**, definidas dentro de una función. En principio, sólo pueden ser usadas dentro del ámbito local de la función.
- Las **globales**, definidas fuera de ninguna función. En principio, sólo pueden ser usadas en el ámbito global, es decir, fuera de las funciones.
- Las **superglobales** (**$_TABLE**, **$_GET**, **$_COOKIE**, **$_REQUEST** y alguna más), que pueden ser usadas por todas partes.

Las variables globales pueden *penetrar* en una función mediante tres procedimientos que veremos a continuación.

Argumentos

Las funciones pueden contener uno o más argumentos:

- function *nombre(arg_1, arg_2...)*{
- *instrucciones en qué* **arg_1**, **arg_2** *funcionan como variables*
- }

También podría ser un argumento un valor literal.

- `<?php`
- function día_semana($valor){ // Creamos una función con un argumento
- $días = array ("domingo", "lunes", "martes", "miércoles", "jueves", "viernes", "sábado"); // Vector con los nombres de los días de la semana
- echo "<p style='color: red'>Hoy es " . $días[$valor] . ".</p>"; // Presentación del resultado
- }
- ?>

- `<?php`
-
- $d = dato(w); // Lee el día de la semana en cifras
- include "13d.php"; // Invoca un documento que contiene una función
- día_semana($d); // Ejecuta la función incluyendo el dato como argumento
-
- ?>

Uso de global.

Una variable **global** puede ser introducida en una función especificando el carácter:

- global $*nombre_1*, $*nombre_2*...;
- *instrucciones que usan $nombre_de_la_variable*

El vector asociativo *$GLOBALES*

El vector asociativo **$GLOBALES** contiene la referencia a todas las variables globales:

- *instrucciones que usan $GLOBALES['nombre_de_la_variable']*

Notamos que **$GLOBALES** *no lleva guión bajo y que el nombre de la variable no lleva el* **$** *inicial.*

Extracción de valores de una función de usuario

Cuando en una función de usuario se genera una suela variable, podemos hacer que la función equivalga a esta variable. Esto se consigue con la instrucción

- return *nombre_de_la_variable*

De este modo podemos escribir, por ejemplo,

- echo *nombre_de_la_función()*;

de una manera absolutamente paralela a

- echo *$nombre_de_la_variable*;

- *Documento inicial, sin código PHP, dotado de un formulario, donde se introducen los valores del capital, del rédito y del tiempo.*

- <?php
-

- function int_comp($ninguno, $red, $tmp){ // Definición de una función
- $fact_an = 1 + $red /100;
- $fact_todo = pow($fact_an, $tmp);
- $ningún_fin = $ningún * $fact_todo;
- return $ningún_fin; // La función devolverá el valor calculado
- }
-
- ?>

- <?php
-
- include ("13g.php"); // Importa el archivo que contiene la función exterior
- echo "<p>" . int_comp($_TABLE['c'], $_TABLE['r'], $_TABLE['te]) . "</p>"; // Ejecutamos la función y presentamos el resultado
-
- ?>

Lectura de ficheros

Introducción

El **PHP** permite guardar datos estructurados en ficheros de texto (**.txt** o mejor **.php**); posteriormente estos datos son recuperadas y aprovechadas con finalidades diversas. La lectura de los datos se hace línea a línea; la *escritura* se puede hacer línea a línea, por la carga de todo el fichero en bloque, o puede formar parte de la web con carácter fijo.

Las actuaciones línea a línea sobre un fichero siempre comportan tres operaciones:

- Abrir el fichero con la función **fopen()**.
- Hacer la actuación correspondiente de lectura, con **fgets()**, o de escritura, con **fputs()**.
- Cerrar el fichero con la función **fclose()**.

La función **fopen()** usa dos argumentos: en el primero se indica el archivo sobre el cual se actúa, y en el segundo se indica el modo. Hay tres modas, **"r"** (lectura), **"w"** (escritura) y "a" (escritura añadida al contenido anterior).

La función **fopen()** se usa así:

- $ctrl = fopen("$nombre_de_el archivo","*modo*")

El identificador **$ctrl** (de nombre arbitrario) es una variable que se usa como referencia en el resto del programa hasta el momento de cerrarlo. Podemos concebirla como *el nombre del fichero un golpe abierto*.

Estructura para la lectura de documentos

Un golpe abierto el fichero en modo **r**, la lectura se hace con la función **fgets()**, que se aplica tantas veces como líneas tenga el fichero:

- $ctrl=fopen("*nombre*.php","r");
- $lectura = fgets($ctrl);
- *... instrucciones sobre qué hacer con los datos $lectura ...*
- *... repetir la estructura anterior tantas veces como haga falta ...*
- fclose($ctrl);

Se puede añadir un segundo argumento a fgets() que indique la medida máxima de cada lectura:

- $lectura = fgets($ctrl, 100)

hace que los fragmentos leídos tengan como máximo 99 bytes.

- Saturno
- 14a.jpg
- 60.268 km.
- 95.152 Tierras
- 29,46 años

- <?php
- $ctrl = fopen("14a.php", "r"); // Abrimos el fichero
- $linia_1 = fgets($ctrl, 4096); // Inicio de la lectura y aprovechamiento
- echo "<h2 style='fuente-size: 30px; texto-decoration: underline; texto-align: center; color: blue'>" . $linia_1 . "</h2>";
- echo "<p> </p>";

- $linia_2 = fgets($ctrl, 4096);
- echo "<p><img src='" . $linia_2 . "' alto='foto' style='float: right' />";
- $linia_3 = fgets($ctrl, 4096);
- echo "Radio ecuatorial: " . $linia_3 . "<br />";
- $linia_4 = fgets($ctrl, 4096);
- echo "Massa: equivalente a " . $linia_4 . "<br />";
- $linia_5 = fgets($ctrl, 4096);
- echo "Periodo orbital: " . $linia_5 . "</p>"; // Final de la lectura y aprovechamiento
- fclose($ctrl); // Cerramos el fichero
- ?>

Hacer una lectura de un fichero conociendo el número de líneas es, en realidad, de muy poca utilidad. En el caso más general no conocemos el número de líneas; entonces hay que establecer un programa de lectura en bucle, combinando **while()**, que controla la ejecución reiterada, con la función **feof()**, que detecta el final del fichero:

- $ctrl=fopen("*nombre*.php","r");
- while(!feof($ctrl)){
- $lectura = fgets($ctrl);
- *... instrucciones sobre qué hacer con los datos $lectura ...*
- }
- fclose($ctrl);

- *Documento inicial, sin código PHP, dotado de dos enlaces, cada uno de los cuales aporta un valor diferente de GET*

- Qué pequeña patria
- rodea el cementerio!
- Esta mar, Sinera,

- cerros de pinos y viña,
- polvo de rials. No estimo
- nada más, excepto la sombra
- viajera de una nube
- y el lento recuerdo de los días
- que son pasados por siempre jamás.

- Viñas verdes borde el mar,
- ahora que el viento no masculla,
- os hacéis más verdes y encar
- tenéis la hoja pocha,
- viñas verdes borde el mar.

```php
<?php

$autor = $_GET['a']; // Recibe el dato de la elección
if ($autor == "esp") { $ctrl = fopen("14c.php", "r");
} // Una opción abre un fichero
if ($autor == "sag") { $ctrl = fopen("14d.php", "r");
} // La otra opción abre el otro
while (!feof($ctrl)) { // Bucle con control del final
$linia = fgets($ctrl, 4096); // Lectura de cada línea
echo $linia . "<br />"; // Presentación de la línea
}
fclose($ctrl); // Cierra el fichero abierto

?>
```

Aplicación de pequeña bases de datos

Cada una de las líneas del fichero de texto puede ser estructurada en varias secciones, mediante un carácter - o secuencia de caracteres - de separación. De este modo el fichero puede equivaler a una tabla de datos: cada línea es un registro y cada sección un campo.

- 3 ¬ Le ¬ Litio ¬ 3 ¬ 6,94
- 6 ¬ Na ¬ Sodio ¬ 11 ¬ 22,997
- 4 ¬ K ¬ Potasio ¬ 19 ¬ 39,096
- 5 ¬ Rb ¬ Rubidio ¬ 37 ¬ 85,48
- 1 ¬ Cs ¬ Cesio ¬ 55 ¬ 132,91
- 2 ¬ Fr ¬ Francio ¬ 87 ¬ (223)

- <?php
- $ctrl = fopen("14g.php", "r"); // Abre el fichero
- while (!feof($ctrl)) { // Bucle con control de final de fichero
- $linia = fgets($ctrl, 4096); // Lectura línea a línea
- list($n,$a,$b,$c,$d) = explode(' ¬ ',$linia); // Fragmentación de las líneas (registros) en campos
- echo '<tr>'; // Inicio de la fila correspondiente a un registro
- echo '<td class="e">' . $a . '</td>';
- echo '<td class="e">' . $b . '</td>';
- echo '<td class="e">' . $c . '</td>';
- echo '<td class="e">' . $d . '</td>';
- echo '</tr>'; // Final de la fila correspondiente a un registro
- }
- fclose($ctrl); // Cierra el fichero
- ?>

Si, mediante un formulario u otro recurso, introducimos en el programa un valor **$valor** de un campo, podemos seleccionar sólo los registros que cumplen un determinado requisito

- if ($campo_leído == $valor){
- *instrucciones*
- }

Son posibles muchas combinaciones:

- Presentar todos los campos de los registros seleccionados.
- Presentar el valor de un campo de todos los registros, y a partir de este valor seleccionar uno o más registros, de los cuales, en una segunda fase, se presentarán todos los campos o una parte de estos.
- Usar los valores de un campo del registro seleccionado como criterio de selección en una segunda tabla (bases de datos relacionales).
- ...

Hay que advertir pero que este método resulta muy poco eficiente, y sólo se tendría que usar en bases de datos muy pequeñas. Para las bases de datos grandes se usa el **MySQL**.

Modificación de ficheros

Permiso de escritura

Un fichero situado en un servidor de Internet tiene, como norma general, sólo permiso o modo de lectura. Esto significa que los usuarios sólo lo pueden usar pasivamente, pero no modificar el contenido. Si accedemos con **fopen(...,"w")**, obtendremos una nota de error, puesto que estamos intentando escribir sin permiso en un fichero. Si queremos modificarlo - por ejemplo, añadiendo contenido - tenemos que modificar el modo con la función **CHMOD**. Esta función se puede activar de varias maneras:

- Con un programa **FTP**. Hay que ir a File > Properties (o análogo) y cambiar el parámetros.
- Desde el plafón de control (**CPanel** o análogo > Administrador de Ficheros > Cambiar los permisos)
- Usando la función **CHMOD()** de PHP .

El parámetro **modo** consiste en cuatro cifras:

- Un **0**
- Cifra indicativa de los permisos para el propietario.
- Cifra indicativa de los permisos para un grupo restringido asociado al propietario.
- Cifra indicativa de los permisos para todo el mundo.

A su vez, las cifras indicativas de permisos resultan de la suma de los valores siguientes:

- 1: permiso de ejecución
- 2: permiso de modificación
- 4: permiso de lectura

Así, el número **0644** significa permiso de lectura y escritura para el administrador y de sólo lectura para todo el resto.

Para el que sigue, el permiso adecuado es el **0666**.

Estructura para la modificación de documentos

Un golpe abierto el fichero en modo **w**, la introducción del contenido se lleva a cabo con la función **fputs()** (una vez o más).

- $identificador=fopen("nombre_de el_fichero","modo");
- ..... *Creación del contenido del fichero, con el uso de fputs(identificador,contenido) .....*
- fclose($identificador);

fputs() usa dos argumentos: el identificador y el contenido. El contenido puede ser:

- Un literal.
- Un contenido fijo declarado en forma de variable.
- Una verdadera variable, procedente de alguna función.
- Una variable procedente de un formulario, recogida mediante **$_TABLE['*nombre*']** o análogo.
- Cualquier combinación de los anteriores.

La función **fputs()** tiene un equivalente, la función **fwrite()**.

- *Documento inicial, sin código PHP, dotado de un formulario para el establecimiento de un estilo personalizado.*

- <?php
-

```php
$medida = "14px"; // Valores por defecto
$color = "black";

if ($_TABLE['me ] == "gr") { // Uso de los datos
procedentes del formulario
$medida = "16px";
}else{
if ($_TABLE['me ] == "pt") {
$medida = "12px";
}
}

if ($_TABLE['c'] == "bl") {
$color = "blue";
}else{
if ($_TABLE['c'] == "vd") {
$color = "green";
}
}

if ($_TABLE['g'] == "ng") {
$estilo = "fuente-weight: bold";
}

if ($_TABLE['g'] == "cv") {
$estilo = "fuente-style: italic";
}

$ctrl = fopen("15c.txt","w"); // Abrir el fichero
fputs($ctrl,"p { fuente-size: " . $medida . " } \n"); //
Incorporar los datos elaborados
fputs($ctrl,"p { color: " . $color . " } \n");
fputs($ctrl,"p { " .$estilo . " } \n");
fclose($ctrl); // Cerrar el fichero
?>
```

- *Documento de texto resultante del anterior, con un contenido dependiente de la elige y análogo al siguiente:*
  -
  - p { fuente-size: 10px }
  - p { color: blue }
  - p { fuente-weight: bold }

- *Documento **PHP** con la inclusión de las especificaciones de estilo a HEAD .*
  -
  - ...
  - <style type="texto/css">
  - <?php
  - include "15c.php"; // Inclusión de los datos de estilo contenidas en el fichero modificado
  - ?>
  - </style>
  - ...

Estructura para la ampliación de documentos línea a línea

Si abrimos en modo **"w"** un documento ya existente, todo el contenido anterior desaparece. Para añadir datos tenemos que usar el modo **"a"**.

- *Documento de texto, que se actualiza paulatinamente.*

- `<?php`
-
- `$ctrl = fopen("15e.php", "r");` // Abre el fichero en modo de lectura
- `while (!feof($ctrl)) {` // Bucle y control del final
- `$linia = fgets($ctrl, 4096);` // Lectura línea a línea
- `list($a,$b) = explode(' ¬ ',$linia);` // Manipulación
- `echo '<tr>';`
- `echo '<td class="aut">' . $a . '</td>';` // Presentación del contenido
- `echo '<td class="cómo">' . $b . '</td>';`
- `echo '</tr>';`
- `}` // Fin del bucle
- `fclose($ctrl);` // Cierre del fichero
-
- `?>`
-
- *A continuación, con código **HTML**, se solicita un nombre y un comentario, que serán añadidos a los existentes.*

- `<?php`
-
- `$ctrl = fopen("15e.php", "a");` // Abre el fichero en modo **a**
- `$linia = $_POST['nombre'] . " ¬ " .` `$_TABLE['cómo'];` // Recibe los datos nuevos
- `$linia = stripcslashes($linia);`
- `$linia = "\n" . $linia;`
- `fputs($ctrl,$linia);` // Las añade al contenido anterior
- `fclose($ctrl);` // Cierra el fichero
-
- `?>`
-
- *A continuación, con un código **PHP** idéntico al del documento anterior, vuelve a presentar el contenido, ahora ampliado.*

Nota: Atendida la finalidad didáctica de este ejemplo, el segundo documento **PHP** *contiene, además, un programa final, que restaura el contenido inicial del documento de texto. No es posible, pues, de actuar reiteradamente.*

Carga y detección de ficheros

Copiar en el servidor un documento externo

La carga de un documento en el servidor desde el ordenador del administrador o desde el de un usuario autorizado compuerta dos operaciones sucesivas: la remisión del fichero a un directorio temporal y la ubicación de este en un lugar definitivo.

Es imprescindible que el directorio de destino tenga permisos de escritura.

La remisión se lleva a cabo desde un formulario dotado de **<input type="submit" name="*nombre* ... ">**

A continuación se aplica la función **move_uploaded_hilo()**, incluida en un segundo documento. Hay que especificar los argumentos como consta a continuación:

- move_uploaded_hilo($_FILAS["*identificador*"]["tm p_name"],"ruta_completa");

dónde

- **identificador** es el nombre dando con **name** a input

.

- **ruta completa** es la indicación de la ubicación definitiva del documento incorporado, incluido el nombre que damos en este.

En caso de duda, se puede usar la función **getcwd()**, que devuelve la dirección del directorio desde donde se actúa.

Si queremos mantener el nombre original del fichero, podemos expresarlo mediante **$_FILAS["*identificador*"]["name"]**.

$_FILAS se forma automáticamente, y contiene los datos siguientes: ["name"] (nombre original del fichero), ["type"] (tipo del fichero), ["size"] (medida), ["tmp_name"] (nombre del fichero dentro de la carpeta temporal) y ["error"] (notificación en el caso de un eventual error)

Si el fichero ya existía, el nuevo eliminará el antiguo.

- *Documento* **HTML** *dotado de* **input type="submit"**

- <?php
-
- $a = getcwd(); // dirección del directorio presente
- $desti = $a . "16c/imagen.jpg"; // La completamos con la referencia al destino definitivo de la imagen. Atención a los permisos del directorio!
- move_uploaded_hilo($_FILAS["alta"]["tmp_name"],$desti); // Pasamos el fichero del directorio temporal al definitivo
-
- ?>

- *Documento* **HTML** *que presenta la imagen incorporada al directorio*

Nota: Atendida la finalidad didáctica de este ejemplo, sólo es posible incorporar una sola imagen. A cada incorporación, como que el nombre del fichero es siempre el mismo, se elimina el anterior.

Detección los documentos de un directorio

En una web muy dinámica, el número de ficheros contenidos en un directorio cambia constantemente. No es cuestión de cambiar los programas cada vez que hay un cambio cualquiera. Con la función **scandir** detectamos todo el contenido de un directorio (incluidas las referencias relativas '.' y '..'), que es abocado en un vector:

- $nombre_de el_vector = scandir(nombre_de el_directorio);

Podemos individualizar cada uno de los elementos del vector con la función **foreach()**.

- *Un directorio con imágenes*

- <?php
-
- $a = getcwd();
- $decir = $a . "/16f"; // Elige el directorio
- $lista = scandir($decir); // lee el conjunto de los elementos
- foreach($lista as $elemento){ // Uno a ud
- if ($elemento != "." && $elemento != ".."){ // Elimina estas dos referencias relativas
- echo '<img src= "16f/' . $elemento . '" style="float: left" alto = "imagen" />'; // Uso de las referencias buenas
- }
- }
-
- ?>

La función **scandir()** sólo es disponible en **PHP 5**. En las versiones anteriores había que recurrir a una fórmula más compleja:

- if ($ctrl1=opendir('*nombre_de el_directorio*')){
- $n=0;
- while (false !== ($docum=readdir($ctrl1))){
- if ($docum != "." && $docum != ".."){
- $llistaf[$n]=$docum;
- $n++;
- }
- }
- }
- closedir($ctrl1);

Cambio de documento

Cambio de un documento a otro

Con la función **header()** se puede pasar de un documento **PHP** a otro documento (**PHP** o no).

- header("Location: *dirección*");

donde **dirige** es la dirección del documento de destino, que puede ser representada mediante un literal o una variable. Esta función no puede ser precedida de ninguna instrucción de **(X)HTML** en el documento en que se usa. Además, si en un documento se usa más de uno, los diversos casos tienen que depender de condiciones (**if** u otras) mutuamente excluyentes.

La función **header()** es muy utilizada para la remisión automática a un documento u otro dependiente de alguna variable o conjunto de variables, introducidas por el usuario (por ejemplo mediante formularios) o de procedencia diversa (por ejemplo día y hora).

- <?php
-
- $día_semana = gmdate(w); // Determinación del día de la semana
- if ($día_semana == "0") { // Si es domingo
- header ("Location: 17b.php"); // Ve a este documento
- }else{ // Si no es domingo
- header ("Location: 17c.php"); // Ve a este otro
- }
-
- ?>

- *Documento **HTML** que se presenta si es domingo*

- *Documento **HTML** que presenta si no es domingo*

Esta función se usa a menudo en validaciones de formularios:

- *Recepción de los datos de un formulario;*
- if (*Comprobación, más o menos compleja, de la adecuación de los datos*){
- *continúa el proceso previsto*;
- }else{
- header ("Location: *documento_de_notificación_de error*");
- }

Remisión por correo electrónico

Se usa la función **mail()**, con el formato siguiente::

- mail(*destinatario,tema,contenido,complementos*);

Notamos algunas particularidades del uso de mail() :

- El orden de los argumentos es relevante: el **destinatario** es necesariamente el primero, el **tema** necesariamente el segundo, etc.
- Los argumentos **destinatario** y contenido son obligatorios.
- El argumento **contenido** puede ser una cadena de texto o un documento **HTML**.
- El argumento **complementos** tiene que contener, al menos, una dirección de correo correspondiente, en

principio, al remitente remoto, con el formato 'From: *dirección*'. (Se entiende que el remitente remoto es el usuario que activa la remisión; el verdadero remitente es el servidor donde se aloja la web).

- El argumento **complementos** también puede contener indicaciones 'cc: *dirección*' y 'bcc: *dirección*', correspondientes a las opciones *con copia* y *con copia oculta*.

- *Documento **HTML** donde se recogen los datos.*

- <?php
-
- if($_TABLE['dest']=="" || $_TABLE['mstg']=="" || $_TABLE['cerm']==""){ // Comprueba que se hayan llenado los campos obligatorios
-
- $lugar = '17f.php'; // Determinación del documento de destino en caso de error
-
- }else{
-
- $texto= stripcslashes($_TABLE['mstg']) . "\n\n" . "Dirección IP del Remitente: " . $_SERVER['REMOTE_ADDR']; // Añade al texto información sobre el servidor del usuario
- $remitente = 'From: ' . $_TABLE['cerm']; // Da el formato adecuado a la información sobre el remitente remoto
-
- mail($_TABLE['dest'], $_TABLE['titl'], $texto, $remitente); // Hace la remisión
-
- $lugar = '17g.php'; // Determinación del documento de destino en caso de acierto
-
- }

-
- header("Location: $lugar"); // Remisión al documento adecuado
-
- ?>

- *Documento **HTML** que se presenta si no se ha llenado correctamente el formulario.*

- *Documento **HTML** que presenta si se ha llenado correctamente el formulario.*

En el caso de los formularios de recogida de datos, el usuario no indica el destinatario, sino que este es prefijado en el propio programa.

Remisión de un documento HTML por correo electrónico

Es un caso particular del anterior; en el parámetro **complementos** hay que hacer constar que el texto se tiene que interpretar como **HTML**.

- ...
- $complementos = 'From: ' . $_TABLE['cerm'] . "\r\n";
- $complementos .= 'MIME-Version: 1.0' . "\r\n";
- $complementos .= 'Contento-type: texto/html; charset=iso-8859-1' . "\r\n";

- ...
- mail($_TABLE['dest'], $_TABLE['titl'], $texto, $complementos);
- ...

Presentación de datos mediante imágenes

Creación e inserción de imágenes

Un documento de PHP puro puede crear una imagen efímera, que es insertada en otro documento. El esquema básico es el siguiente:

- *identificador* = imagecreatetruecolor(*anchura, altura*);
- ...
- *instrucciones sobre el contenido de la imagen*
- ...
- header("Contento-type: image/jpeg");
- imagejpeg(*identificador*);
- imagedestroy(*identificador*);

La función **imagecreatetruecolor()** crea una imagen sin contenido apta para recibir todo tipo de colores y transparencias, sin limitación. La función **imagedestroy()**libera los recursos empleados en las operaciones anteriores.

El identificador introducido a la primera línea se tiene que mantener como parámetro en las funciones usadas en el resto del programa.

A la penúltima línea, en vez de **imagejpeg** podemos usar **imagegif** o imagepng ; al antepenúltima el parámetro **Contento-type** tiene que ser coherente con la especificación elegida.

La imagen así creada es insertada en el documento portador del mismo modo que una imagen permanente:

- <img src='*nombre*.php' ... />

Definir colores

Antes de incluir elementos - fundes, trazos... - en una imagen nueva, hay que especificar los colores que se usarán. Cada color recibe un nombre, que se usará después para determinar el color de cada elemento. La definición de los colores se realiza con la función **imagecolorallocatealpha()**, que adopta la forma siguiente:

- $nombre_de el_color = imagecolorallocate(*identificador*, *r*, *g*, *b*, *alpha*);

Los valores **r**, **g** y b indican las intensidades de rojo, verde y moratón y se expresan en formato decimal con valores de 0 a 255 o con formato hexadecimal con valores entre **0x00** y 0xFF . El valor de *alpha* se expresa con un número que va del **0** (opacidad total) al **127** (transparencia total).

La variante **imagecolorallocate()** prescinde de la *alpha*, que fija en 0.

Color de fondo

El color de fondo se especifica con la función **imagefill()**:

- imagefill(*identificador*, *x_izquierdo*, *y_superior*, *nombre_de el_color*);

El rectángulo comprendido entre el borde izquierdo, el borde superior, **x_izquierdo** y x_derecho queda sin modificar.

Nota: las coordenadas verticales tienen el origen en la parte superior, al contrario del que es habitual en matemáticas.

Figuras geométricas

Hay una serie muy numerosa de funciones que dibujan elementos geométricos. Algunas de las más elementales son las siguientes:

Punto	imagesetpixel();	*x, y*
Recta	imageline();	*x_inicial, y_inicial, x_final, y_final*
Rectángulo	imagerectangle();	*x_inicial, y_inicial, x_final, y_final*
Rectángulo lleno	imagefilledrectangle();	*x_inicial, y_inicial, x_final, y_final*
Elipse	imageellipse();	*x_centre, y_centro, eje_horizontal, eje_vertical*
Elipse llena	imagefilledellipse();	*x_centre, y_centro, eje_horizontal, eje_vertical*

Recordamos que el cuadrado es un caso particular del rectángulo y la circunferencia un caso particular de la elipse.

En todos los casos el uso de la función responde al patrón siguiente:

- imageline(*identificador, parámetros específicos, nombre_de el_color*);

- *Documento* **HTML** *portador de la imagen*

- <?php
-
- $ctrl = imagecreatetruecolor(300,250); // Crea la imagen

- $amarillo_claro = imagecolorallocate($ctrl,255,255,127); // Define un color
- $verde = imagecolorallocate($ctrl,0,127,0);
- $rojo = imagecolorallocate($ctrl, 240, 0, 10);
- $moratón_tr = imagecolorallocatealpha($ctrl,0,0,255,63); // Define un color parcialmente transparente
- ImageFill($ctrl,0,0,$amarillo_claro); // Fundes de la imagen
- imagerectangle($ctrl,3,3,297,247,$verde); // Rectángulo vacío para el margen
- imagefilledrectangle($ctrl, 50, 50, 230, 125,$verde); // Rectángulo lleno
- imagefilledellipse($ctrl, 200, 150, 140, 140,$moratón_tr); // Círculo
- imageline($ctrl, 20, 30, 280, 185, $rojo); // Línea recta fina
- header ("Contento-type: image/jpeg");
- imagejpeg($ctrl);
- imagedestroy($ctrl); // Libera los recursos
-
- ?>

Textos

Con la función **imagestring()** podemos añadir cadenas de texto a la imagen:

- imagestring(*identificador, medida_de_letra, x_inicial, y_inicial, texto, nombre_de el_color*);

Las medidas de letra son 5, numeradas de la **1** al **5**.

El texto se puede indicar mediante un literal o una variable.

- *Documento* **HTML** *portador de la imagen*

```php
<?php

$día = gmdate(j) ;
$mes = gmdate(m);
if ($mes == "01") {$mes = " de enero "; }
if ($mes == "02") {$mes = " de febrero "; }
if ($mes == "03") {$mes = " de marzo "; }
if ($mes == "04") {$mes = " de abril "; }
if ($mes == "05") {$mes = " de mayo "; }
if ($mes == "06") {$mes = " de junio "; }
if ($mes == "07") {$mes = " de julio "; }
if ($mes == "08") {$mes = " de agosto "; }
if ($mes == "09") {$mes = " de septiembre "; }
if ($mes == "10") {$mes = " de octubre "; }
if ($mes == "11") {$mes = " de noviembre "; }
if ($mes == "12") {$mes = " de diciembre "; }
$año = "de " . gmdate(Y) ;
$texto = $día . $mes . $año; // Formación del texto
con los datos sudara obtenidas

$ctrl = imagecreatetruecolor(300,36); // Creación de
la imagen
$moratón = imagecolorallocate($ctrl,0,0,255); //
Determinación del color
$blanco = imagecolorallocate($ctrl,255,255,255);

imagefill($ctrl, 0, 0, $moratón); // Color de fondo
imagestring($ctrl, 5, 30, 10, $texto, $blanco); //
Inserción del texto

header ("Contento-type: image/jpeg");
imagejpeg($ctrl);
imagedestroy($ctrl);

?>
```

Imágenes a partir de formularios

La introducción de datos por el usuario complica un poco las cosas. Por un lado, un golpe hecha esta operación, tenemos que cambiar al documento portador de la imagen; de la otra, tenemos que enviar los datos al documento generador de la imagen. Una solución consiste a tener un documento-puente que hace los dos cometidos: convierte los datos del formulario en variables de sesión y a continuación, mediante un **header**, nos conduce al documento portador de la imagen. Por su parte, el documento generador de la imagen recoge des datos de las variables de sesión.

- *Documento HTML dotado de un formulario.*

- <?php
-
- session_start(); // Inician los datos como variables de sesión
- $_SESSION['t1'] = $_TABLE['t1'];
- $_SESSION['t2'] = $_TABLE['t2'];
- $_SESSION['t3'] = $_TABLE['t3'];
- $_SESSION['t4'] = $_TABLE['t4'];
-
- header ("Location: 18g.php"); // Cambiamos al documento portador de la imagen
-
- ?>

- *Documento HTML portador de la imagen generada.*

- `<?php`
-
- `session_start();` // Recoge las variables de sesión
- `$t1 = $_SESSION['t1'];`
- `$t2 = $_SESSION['t2'];`
- `$t3 = $_SESSION['t3'];`
- `$t4 = $_SESSION['t4'];`
-
- `$max = $t1;` // Con objeto de escalar la gráfica, cuál es el valor más grande?
- `if ($t2>$max) { $max = $t2; }`
- `if ($t3>$max) { $max = $t3; }`
- `if ($t4>$max) { $max = $t4; }`
- `$coef = 200 / $max;` // El más grande tendrá 200 píxeles
-
- `$ac1 = 200-round($t1 * $coef);` // Calcula los límites superiores de cada barra
- `$ac2 = 200-round($t2 * $coef);`
- `$ac3 = 200-round($t3 * $coef);`
- `$ac4 = 200-round($t4 * $coef);`
-
- `$ctrl = imagecreatetruecolor(100,200);` // Crea la imagen
-
- `$blanco = imagecolorallocate($ctrl, 255, 255, 255);` // Define dos colores
- `$verde = imagecolorallocate($ctrl,0,255,0);`
-
- `imagefill($ctrl, 0, 0, $blanco);` // Establece el color de fondo
-
- `imagefilledrectangle($ctrl, 2, $ac1, 23, 200,$verde);` // Dibuja cada una de las barras
- `imagefilledrectangle($ctrl, 27, $ac2, 48, 200,$verde);`

- imagefilledrectangle($ctrl, 52, $ac3, 73, 200,$verde);
- imagefilledrectangle($ctrl, 77, $ac4, 98, 200,$verde);
-
- header ("Contento-type: image/jpeg"); // Instrucciones finales
- imagejpeg($ctrl);
- imagedestroy($ctrl);
-
- ?>

Control de errores

Tipología de los errores

Cualquier programa informático es susceptible a errores. De errores, hay de tres tipos:

- Errores del programador mientras construye el programa: idealmente un programa puesto en circulación no contiene, a pesar de que algunas veces se descubren posteriormente; para minimizar este riesgo es bueno de usar recursos que nos advierten de posibles fallos mientras construimos los programas.
- Errores del usuario: nunca podemos dar por garantizado que el usuario hará aquello que nosotros hayamos previsto que tendría que hacer; no hay bastante, por ejemplo, de indicar que un campo de un formulario es obligatorio; hay que **hacerlo** obligatorio mediante estructuras de control, que a menudo dan a un aviso seguido del regreso a la posición de partida.
- Errores de funcionamiento: fallos puntuales del servidor, o de la conexión, o un microcorte de electricidad, etc.

A continuación se presentan algunos recursos.

Estructuras condicionales

Se acostumbra a usar estructuras del estilo de la siguiente:

- if (*evaluación_de una_condición*){
- *instrucciones en caso de éxito*
- }else{
- *instrucciones en caso de fracaso*

- }

Este tipo de control se puede hacer extensible a la ejecución de una función. Las funciones, cuando son ejecutadas, generan el valor **true**; en caso contrario, dan **false**, que puede condicionar la aparición de un mensaje de error.

- if ($ar = *función()*){

Notamos que en esta estructura no se usa lo '**;**' final.

- *Documento HTML con dos opciones, qua pasa los valores a un documento **php** vía **GET**. Una de las dos opciones es voluntariamente errónea.*

- <?php
-
- echo "<p>";
-
- $a = $_GET['v']; // Recibe los datos
- if ($ar=fopen($a,"r")){ // Intenta abrir el fichero
- while(!feof($ar)){ // En caso de éxito
- $lectura = fgets($ar);
- echo $lectura . "<br />";
- }
- fclose($ar);
- }else{
- echo "Error: no funciona"; // En caso de error (por ejemplo, el fichero invocado no existe)
- }
-
- echo "</p>";
-
- ?>

- *Documento '.txt'. (sólo hay uno; el otro nos hemos* **olvidado** *de hacerlo).*

Las funciones *die()* y exit().

Estas funciones dan un mensaje de error y a la vez interrumpen la ejecución del programa. En general se hacen depender de un **oro**.

- $ar=fopen("datos.txt","a") oro
- die("La cosa no ha ido bien");

Estas funciones son excesivamente drásticas y se usan sobre todo en las fases de escritura de los programas. Si el que queremos es prevenir el usuario final ante un error aleatorio, no atribuible en una mala programación, es mucho mejor el procedimiento expuesto al apartado anterior.

- *Documento HTML con un enlace, voluntariamente erróneo.*

- <?php
-
- $a=$_GET['v'];
- $ar=fopen($a,"r")
- oro exit("Error: no funciona"); // En caso de error, interrumpe el programa
-
- ?>

Observáis en particular el código fuente del documento generado: queda a medias debido a la interrupción.

Restringir acceso mediante una contraseña temporal

La protección contra el uso indebido puede ser reforzada mediante contraseñas temporales, presentadas al usuario en forma de imagen, generalmente acompañada de elementos que, sin impedir la lectura humana, dificulten mucho la lectura automática.

- *Documento HTML con una imagen inserta, portadora de una contraseña, y dotado a la vez de un formulario en el cual hay que escribir la contraseña como comprobación.*

- <?php
-
- $ctrl=imageCreate(100,30);
- $amarillo_claro=imagecolorallocate($ctrl,255,255,127);
- $rosa=imagecolorallocate($ctrl,255,127,127);
- $verde=imagecolorallocate($ctrl,0,127,0);
- imagefill($ctrl,0,0,$amarillo_claro);
- $valor_aleatorio=rand(100000,999999); // Se genera un número aleatorio
- session_start();
- $_SESSION['número_aleatorio'] = $valor_aleatorio; // El número aleatorio se guarda como variable de sesión
- imagestring($ctrl,5,25,5,$valor_aleatorio,$verde); // Se inscribe el número en la imagen
- for($c=0;$c<=5;$c++){
- $x1=rand(0,100);
- $y1=rand(0,30);

- $x2=rand(0,100);
- $y2=rand(0,30);
- imageline($ctrl,$x1,$y1,$x2,$y2,$rosa); Y se añaden líneas aleatorias para 'despistar'
- }
- header ("Contento-type: image/jpeg");
- imagejpeg ($ctrl);
- imagedestroy($ctrl);
-
- ?>

- <?php
-
- session_start();
- if ($_SESSION['número_aleatorio'] != $_REQUEST['control']){ // Analiza la coincidencia entre el número entrado por el usuario y la variable de sesión recuperada
- header ("Location: 19j.php"); // Si no hay coincidencia
- }else{
- header ("Location: 19y.php"); // Si hay coincidencia
- }
-
- ?>

- *Documento de notificación de error.*

- *Documento notificador de acierto; en un caso real sería la continuación del programa.*

Mensajes automáticos de error

El **PHP** dispone de un conjunto de mensajes de error que se activan cuando, por un error de programación o por un fallo del sistema, se interrumpe la ejecución del programa. Son muy útiles en la fase de programación comoquiera que indican sucintamente las causas del error.

- [Mon Jun 07 14:54:07 2010] [error] [cliente xx.xx.x.xx] PHP Parse error: syntax error, unexpected '>' in /hombre/xxxxxx/public_html/php_mysql/19z.php on line 24
-
- [Mon Jun 07 14:53:56 2010] [error] [cliente xx.xx.x.xx] Hilo does not exist: /hombre/xxxxxx/public_html/404.shtml

BIBLIOGRAFÍA

Para la realización de este libro se han leído, consultado y confirmado información en las siguientes fuentes de información:

Libros

- Domine PHP y MySQL, de José López Quijado
- Programación en PHP 5.31. desde cero, de Jhon Alexandr Osorio
- PHP and MySQL 24-Hour Trainer, de Andrea Tarr

Páginas web

http://foundationphp.com/

http://wikipedia.org

http://www.albertvila.cat

Escrito por: Miguel A. Arias
ISBN: 978-1492279372